चकड़ी गाँव का जादू

लेखक: जयकिशन गोडसोरा
चित्रकार: आकाश कर्मकार

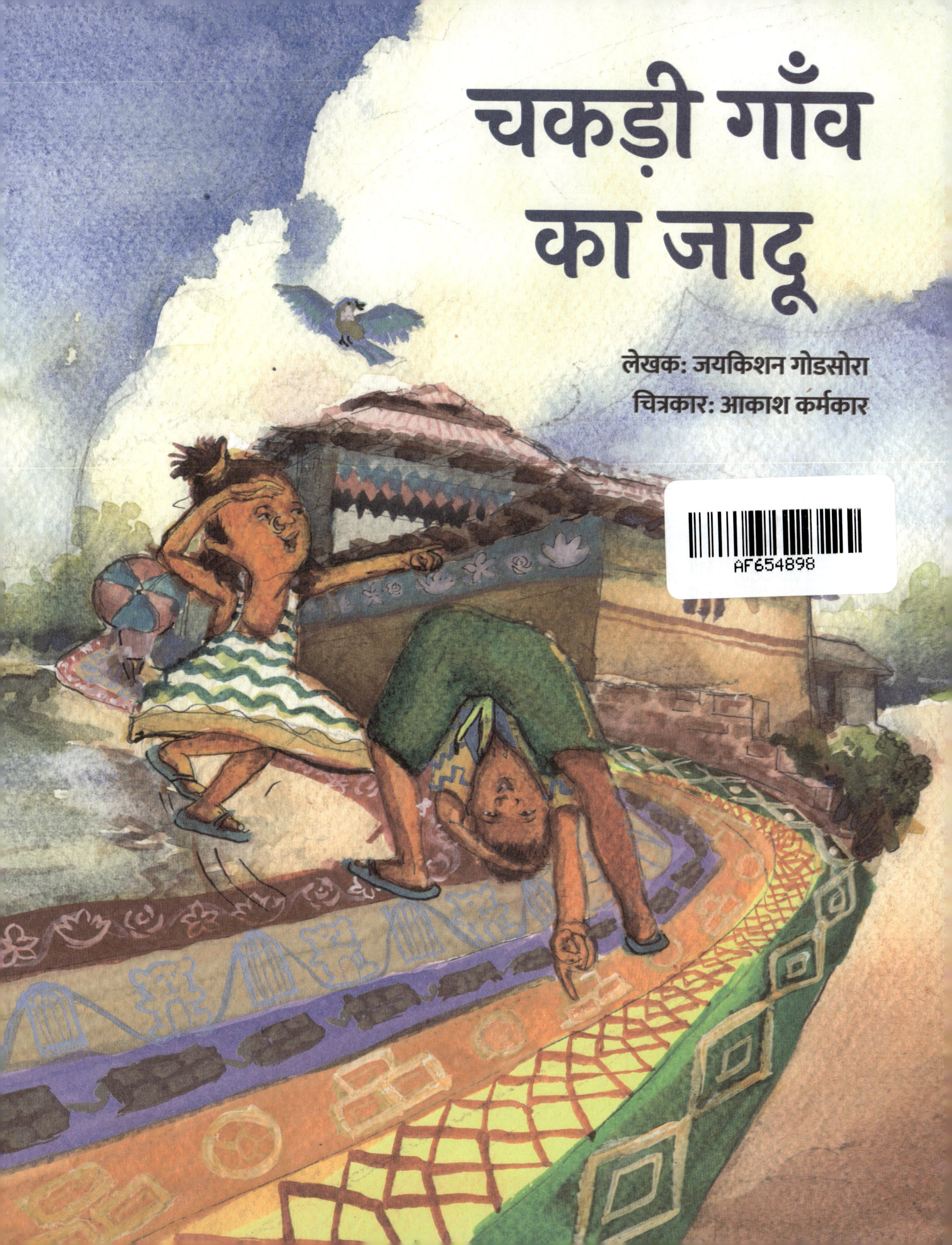

'चलो दुरंग! एक नया खेल खेलते हैं।' सेंगेल ने कहा।

'कौन सा खेल?' दुरंग ने पूछा।

'एक बहुत मज़ेदार खेल! हम पैटर्न खोजेंगे!' सेंगेल ने कहा।

'पैटर्न? मतलब?' दुरंग ने पूछा।

'कुछ चीजें बार-बार एक तरह से दुहराई जाती हैं। जैसे मेरे शर्ट की नीली-नारंगी धारियाँ। तुम्हारे फ्रॉक की हरी धारियाँ। ये पैटर्न हैं।' सेंगेल ने कहा।

दुरंग समझ गई। 'जो सबसे ज़्यादा पैटर्न ढूँढ़ेगा, उसे चॉकलेट मिलेगी।' कहकर दादू ने खेल को और मज़ेदार बना दिया।

चकड़ी गाँव में धूप खिल रही थी।
सेंगेल और दुरंग गाँव के चौक की तरफ निकले।

चौक पर बच्चे अलग-अलग खेल, खेल रहे थे।

दुरंग को फुटबॉल के काले और सफेद रंग में एक पैटर्न दिखा।

सेंगेल को भी पिट्ठू के खेल के पत्थरों में एक पैटर्न दिखा।

दोनों ने बच्चों को कितकित खेलते भी देखा। बच्चे संख्या घरों में कूदते हुए एक अनोखा पैटर्न बना रहे थे।

दोनों आगे बढ़ चले...

रास्ते में सेंगेल को बन रही दीवार की ईंटों में एक पैटर्न दिखा।

दुरंग को एक बूढ़ी महिला की छतरी में लाल और नीले रंगों का पैटर्न दिखा।

गाँव के तालाब तक पहुंचने पर, सेंगेल ने पाया कि किनारे के पत्थर एक क्रम में रखे गए हैं।

दुरंग ने किनारे एक लकड़ी की खड़ी पट्टी देखी, जिस पर संख्याएँ क्रम से लिखी थीं : 30, 28, 26, 24...

पैटर्न की खोज में दोनों गाँव के चौराहे पर पहुँचे।

दुरंग एक घर पर बने सुंदर फूलों को देखकर खुश हो गई।

वह चिल्लाई, 'देखो सेंगेल! चंपा, कमल और गेंदे के फूलों का यहाँ दुहराव है।'

'वाह, तुमने तो बड़ी आसानी से खोज लिया।' सेंगेल बोला।

'हाँ। आसान है खोजना।' दुरंग खुश होते हुए बोली।

'दुरंग, इधर आओ! देखो मुझे क्या मिला है?' सेंगेल बोला।

दुरंग पास चली आई।

'क्या तुम बता पाओगी कि इसमें क्या पैटर्न है?' सेंगेल ने दुरंग से पूछा।

दुरंग ने उत्सुकता से ढूँढ़ना शुरू किया। उसने दीवार के नीचे बार-बार बने तिकोनों की ओर इशारा किया।

'देखो! यहाँ हैं। काले, लाल और नीली बर्फ़ी वाले पैटर्न!' दुरंग खुश हुई।

अभी तक दुरंग ने छह पैटर्न खोज लिए थे और सेंगेल ने पाँच।

'मैं जीत गई, मैं जीत गई।'
कहते हुए दुरंग खुशी से उछलने लगी।

पर सेंगेल भी कहाँ हार मानने वाला था। उसने दीवार को करीब से देखा। दीवार में उसे एक नया पैटर्न दिख गया।

एक लकड़ी की पेंसिल जैसा पैटर्न।

फिर दोनों ने मिलकर
एक और पैटर्न ढूँढ़ लिया।

एक नीली बर्फ़ी के नीचे
रखी हुई दो लाल बर्फियाँ।

शाम हो रही थी। दोनों खुशी से दौड़ते हुए चौक पर पहुँचे। दादू वहाँ इंतजार कर रहे थे।

दादू ने उन्हें खुश देखा तो पूछ लिया, 'कौन जीता?'

'हम दोनों जीते दादू! आज तो चकड़ी गाँव जैसे जादू दिखा रहा था...

...जितना देखो उतने पैटर्न।' कहते हुए दोनों उछल पड़े।

दादू दोनों को चॉकलेट देते हुए बोले, 'तुम दोनों ने मिलकर गाँव को जादुई बना दिया।'

सेंगेल और दुरंग ने महसूस किया कि पैटर्न उनके आस-पास हर जगह हैं।

जिन्हें बस ढूँढ़ने की जरूरत थी।